AF393533

INSOLO VERITAS

&

LÉONEL HOUSSAM

Un projet soutenu par l'association Burn-Out Art Factory

FSC
www.fsc.org
MIXTE
Papier issu
de sources
responsables
Paper from
responsible sources
FSC® C105338

L'ABLATION DE MON PRÉPUCE MENTAL

INSOLO VERITAS & LÉONEL HOUSSAM

FRONTISPICE

Voilà un projet comme je les aime et celui-ci a un goût de renaissance pour moi. Alors que je m'engluais dans certaines impasses mentales, il ne m'était plus possible d'écrire, du moins en continu comme par le passé. Hormis la naissance de l'ère pandémique que chacun a pu subir, les mots ne me venaient plus, pour des raisons intimes. J'étais au bout d'un cycle, un peu comme si j'étais au bout de ma vie, et peut-être que c'était le cas… J'étais – et certains d'entre vous l'ont peut-être déjà vécu – au bout d'un chemin. Tout ce que j'avais eu à souffrir et à porter était derrière moi. A cela s'ajoutait la sensation de n'avoir plus aucune énergie pour écrire.

Pour résumer, je n'avais plus rien à dire, et j'avais fait le tour de mes petites tempêtes intérieures.

Insolo est apparu comme une évidence. Ses œuvres sont brutes, directes sans artifices mais pleines d'une sincérité et d'une énergie qui me parlaient depuis bien longtemps. Dans mes errances mentales, presque moisi dans ma taule psychique, je me suis plongé dans ses créations. Et les mots sont venus, comme ça, sans précaution, sans plan prédéfini, sans fioriture. Je n'ai pas pensé à un lectorat, je n'ai même pas imaginé en faire un livre. Nous en parlions avec Insolo mais ça semblait lointain.

Il m'a livré 24 dessins dont 8 en couleurs. En fonction de mon humeur, de la force dont je disposais, j'ai pioché et écrit sur chacun d'entre eux, jusqu'au dernier en juin et juillet 2021. Avec les encouragements d'Insolo, je n'ai pas flanché et je dois avouer que ça a ouvert à nouveau les horizons. J'ai vu, au fil des semaines, des portes s'ouvrir dans mon esprit. J'étais revenu à l'écriture simplement en rédigeant ces petits textes sur les dessins d'Insolo.

Lui et moi sommes heureux de vous accueillir dans ce livre. Il est, nous le croyons, la preuve qu'il est encore possible de créer sans se compromettre et sans faire des concessions pathétiques à un monde de l'art et de la culture qui s'est fourvoyé dans le membre gluant d'un Occident en voie de disparition.

- I -

OBSCUR & OPALIN

LE CORBEAU ET LE BÂTARD

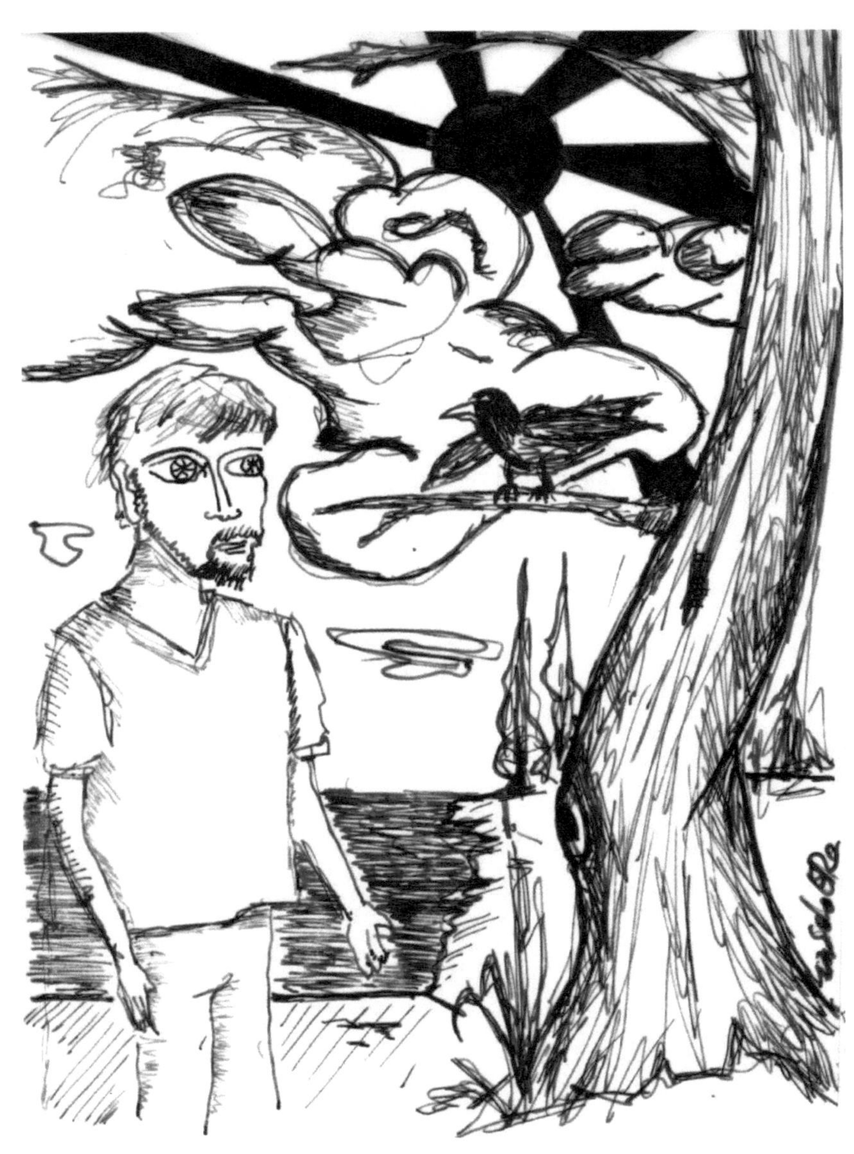

Mister Corbeau, sur un arbre perché,
Tenait dans son bec un carnage.
Mister Bâtard, terriblement excité,
Lui tint à peu près ce langage :

« Hé ! Bonjour, vieux Corbeau.
Que vous êtes chelou ! Que vous me semblez cabot !
Sans mentir, si votre vieil âge
Se rapporte à votre plumage,

Vous êtes le phénix des morceaux de choix de ces bois. »
A ces mots le Corbeau se la jouant comme un roi ;
Et pour cacher qu'il était aux abois,
Ouvrit un large bec et régurgita par deux fois.

Le bâtard s'en saisit, et dit : « Mon bon Monsieur,
APPRENEZ QUE TOUT EMMERDEUR
VIT AUX DÉPENS DE CELUI QUI LE BROUTE :
Cette leçon vaut bien un carnage, sans doute. »

Le Corbeau, péteux et déçu,
Jura, mais un peu tard, qu'on ne l'y prendrait plus.
Le bâtard, frustré par une existence faite d'échecs et de coups durs,
Chopa une pierre qu'il balança à la tronche de l'oiseau.

La plaie grande ouverte sur son poitrail,
Laissa s'écouler un sang noir et épais.
Avant que le corps du corbeau ne touche le sol,
Le bâtard l'attrapa pour y planter ses crocs,

Savourant la chair chaude de la bête mourante.
Les croassements pitoyables,
Les tremblements violents,
Excitèrent les sens du garçon, qui,

Tout en mâchant la viande chaude,
Empoigna son chibre dressé.
« Putain que c'est bon ! Salope ! »

Juste avant d'éjaculer,
Il prit soin d'enfoncer,
Son sexe gonflé
Dans la plaie ouverte de l'oiseau trépassé.

Les cris orgasmiques du Bâtard
Se firent entendre dans toute la vallée
Plongée dans le noir.
Tous les habitants savent ce que fait le bâtard

Ils sont donc soulagés,
Que pour une fois,
Il ne se soit pas attaqué à l'un d'eux.

La morale de cette histoire,
C'est que si ce sot de corbeau s'était tu,
Sans doute serait-il encore de ce monde.

LES GUENILLES DE LEURS SOUVENIRS D'ENFANT

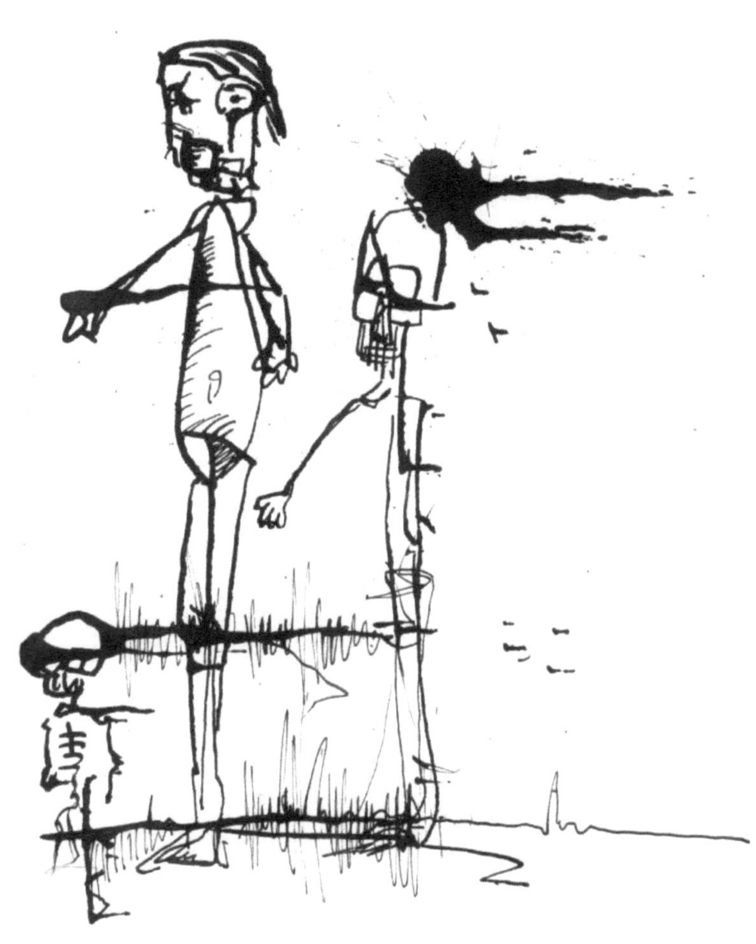

Lorsque j'étais petit, on avait peur de la bombe atomique.
Lorsqu'ils sont petits, aujourd'hui, ils ont peur du réchauffement climatique.
Lorsque j'étais petit, pic et pic et colégram bourre et bourre et ratatam Am stram gram.
Lorsqu'ils sont petits, aujourd'hui, ils rêvent d'être likés par des millions de cons sur Instagram.

De sous-pulls en mythe de Capitaine Flam, de sneakers collectors en captures Shazam,

Les objets changent, les produits disparaissent et renaissent sous une autre forme.

Mais le monde ne change pas. Il nous met au pas. Le monde nous enveloppe, nous écartèle. Le monde et son Humanité, ses petites névroses et les espèces massacrées, les routes machettant les forêts, les plaines, les montagnes, les déserts et les glaciers. Le monde est identique. L'Humanité est pathétique.

De petit à grand, le temps est un laps, une microseconde qui laisse pourtant entrevoir le mur, là-bas, tout au fond vers lequel nous fonçons.

Quand j'étais petit, je ne voulais surtout pas être grand.
Quand ils sont petits, aujourd'hui, ils ont peur de devenir grands, grillés comme des pigeons dans **DES INCENDIES INFERNAUX** ravageant les dernières forêts primaires.
Quand j'étais petit vivaient la faune et la flore…
Quand ils sont petits aujourd'hui, survivent les lambeaux de faune et de flore.

S'il reste une leçon à tirer du temps sonique qui passe trop vite, c'est qu'en quelques nanosecondes, on comprend que tout ça n'est qu'un feu de paille.

Je ne sais pas ce qu'ils seront s'ils deviennent « grands », je sais simplement qu'en fermant les paupières un instant, quand ils les rouvriront, ils verront les guenilles de leurs souvenirs d'enfant.

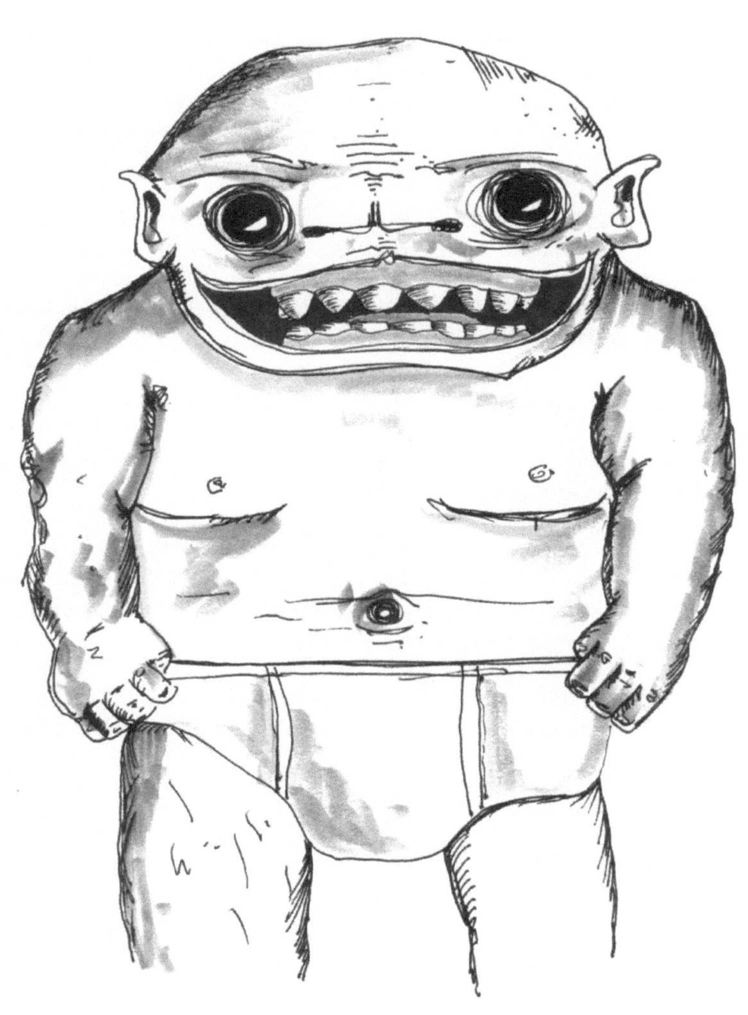

Depuis toujours, Camille, on l'appelle *Gros porc* ou *Face de branque*. Mais Camille a des poings d'acier. Putain qu'il aime se bastonner. Quand on l'appelle par son prénom, il répond avec force : « Nan, moi c'est Gros Porc ! »

Personne ne sait pourquoi il tient tant à ce surnom mais personne n'oserait lui en faire la réflexion. *Gros Porc* est sa *Face de branque*. Dans la petite ville où il erre sans but, bourré jusqu'à la couenne, on pratique généralement le changement de trottoir plutôt que de le croiser. La police l'a à l'œil. Il a d'ailleurs déjà été arrêté plusieurs fois pour des petits larcins.

Gros Porc aime voler de la nourriture, il aime aussi courser des chiens, des chats et, lorsqu'il les a chopés, il adore les maîtriser, les tabasser et les poignarder avec son beau couteau que sa mémé lui a offert quand il était petit. Il sait que ce n'est pas bien, il sait que les autres êtres humains réprouvent le meurtre des animaux. Mais *Gros Porc* s'en fout, **IL AIME QUAND LE SANG GICLE** sur sa *face de branque*.

Il y a une chose avec laquelle il ne sera jamais méchant, c'est sa maman, une vieille dame menue qui n'a plus l'usage de ses yeux ni de ses jambes. Quand il rentre le soir, la gorge tapissée du sang des clébards étripés dans la journée, il lui apporte sa soupe, sa tasse de thé et réajuste le drap de son lit.

La seule personne au monde qui peut l'appeler Camille et le soulager du mépris porté par ses congénères, c'est sa maman, sa bouche sans dents, ses doigts secs comme du bois mort, ses mots murmurés dans son oreille-ventouse : « Je t'aime mon petit Camille, tu es le plus beau des enfants du monde. »

Son ventre se contracte alors, son nombril ouvre sa paupière pour regarder avec amour le cordon ombilical sanguinolent qui pendouille sur le ventre creux de sa maman.

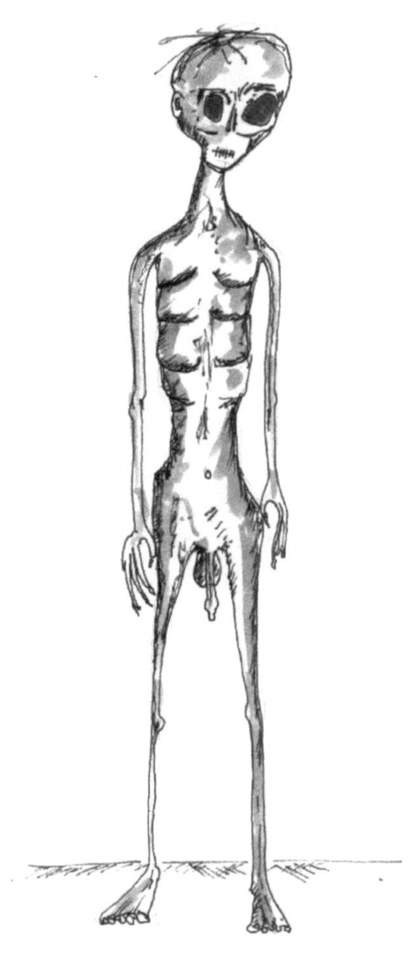

Dans les temps reculés de ma vie, dans l'écran de télévision, nous regardions les enfants décharnés des pays frappés par la sécheresse. Tous ceux qui ont connu cette ère du « we are ze world, we are ze tchildreune » se souviennent parfaitement que lorsqu'ils peinaient à terminer leur assiette, maman, mamie ou papa leur balançait le scud ultime : « Mange ! Pense aux petits africains qui crèvent de faim. »

J'avais alors l'image de ces gosses squelettiques accrochés à la jambe d'une mère au visage sec et poussiéreux.

Quelques décennies ont passé et l'on ne voit plus ces enfants. Sans doute d'ailleurs la plupart d'entre eux sont-ils morts. Peut-être que certains d'entre eux ont grandi et pédalent dur pour livrer les petits colis de bouffe flanqués de la marque *Uber* ou *Deliveroo* à des bons citoyens qui ne veulent qu'une chose : qu'il n'y ait plus de famine dans le monde et que leur prime exceptionnelle puisse leur permettre de faire un fabuleux safari-photo en Éthiopie.

Mais **LA MAGIE DE LA FAMINE EN AFRIQUE** n'est plus là. Passée de mode. D'autres drames plus funkies lui ont succédée : le terrorisme, la guerre ici ou là, les vagues de migrants, les pandémies, les incendies gigantesques, les animaux que l'on maltraite dans les abattoirs.

Je n'ai pourtant pas oublié ces gosses squelettiques, ces miroirs dérangeants de ma propre existence. Malgré cela, je dois l'avouer maintenant que la famine en Afrique est une série ringarde : quand je ne parviens pas à finir mon assiette, le petit enfant affamé qui me fixe dans un coin de mon esprit, ne réussit jamais à me faire ingérer ce que je n'ai pas envie de manger.

Peu importe, je suis passé à une autre série : pandémie, saison 3.

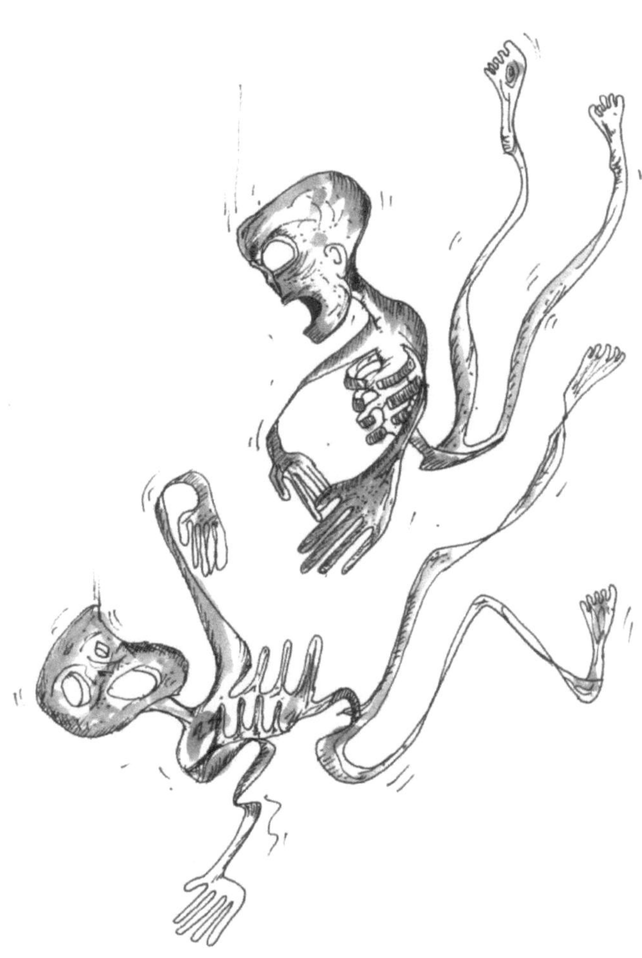

On ne peut pas tuer mais on peut s'octroyer le droit de tuer symboliquement.

Tuer, c'est se soumettre.
Tuer symboliquement, avec les mots par exemple, c'est prendre le pouvoir, n'est-ce pas ?

Ça nécessite presque autant de courage que d'assassiner réellement.

J'avoue Monsieur Là-haut, je l'ai étranglé, poignardé, défoncé à coups de pelle dans sa gueule symbolique.

J'avoue Monsieur Là-haut, je me suis vengé, j'ai laissé mes bas instincts prendre le dessus sur ma raison, sur la sagesse. Je sais, vous me direz que se venger n'est que se faire du mal à soi-même. Je le sais. Ça m'a soulagé.

Je sais Monsieur Là-haut, je vais retourner dans mes enfers intimes, mes petites loupiotes pleines de merde qui éclairent à peine les marécages puants de mon âme. Mais j'ai la thune, j'ai la situation, j'ai la volonté féroce, j'ai la force brute en moi, j'ai la lave qui jaillit. **J'AI SOIF DE ME METTRE LA MISÈRE**, j'ai détaché les liens en tuant symboliquement l'adversaire, l'ennemi. J'aurais dû pardonner, avoir de la compassion, j'aurais dû prier pour lui. Mais cet ennemi-là a détruit tout ce que j'avais de plus précieux.

Qu'est-ce qui était le plus précieux pour moi Monsieur Là-haut ?

Quelque chose qui précisément m'avait extirpé de mes enfers intimes. Ce quelque chose - puisque ce n'est plus qu'une chose désormais - a créé l'ennemi que j'ai finalement jeté dans le précipice de mon âme. La chose et l'ennemi. Tout. À choisir, je préfère mes enfers intimes à l'humiliation, plutôt que courber l'échine. Je préfère le meurtre symbolique à la posture de chien battu. Je préfère mourir dans l'affligeante bauge de mes territoires intérieurs que de me saloper la gueule et le cul dans celle des autres.

Monsieur Là-haut ? Que me dites-vous ? Celui qui a été tué symboliquement, c'est moi-même ?

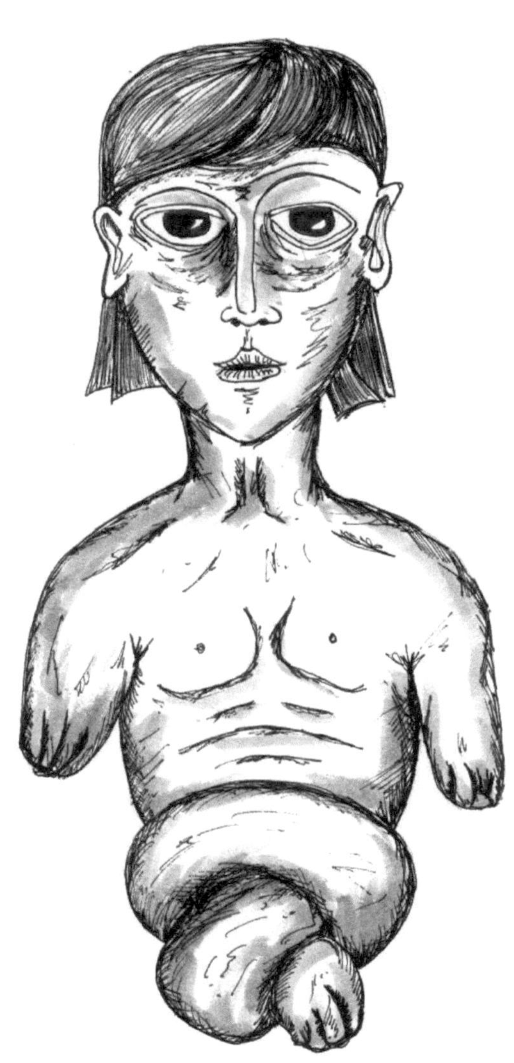

Je n'ai qu'une histoire à raconter, un baratin, des souvenirs déformés, du poison mémoriel.

La forme de ses yeux veut dire quelque chose… la géopolitique de son intimité révèle une guerre salutaire.

La crème de jeunesse vieillit instantanément au contact de ma peau. Le soleil explose les quilles au bout de la piste. Le plat de la main sur l'arrondi de la trahison. J'ai des frissons, un son sueur dans le refrain atone de mes pensées.

Ses mots sont des murs de briques, ses caresses sont ponceuses. **SA CHATTE EST UN SÉCATEUR ROSE-BONBON.**

Canapé en simili-cul, cuissardes tricotées main, cagoule en boyaux de porc. Je grogne. Je ne vois plus ses yeux qui veulent dire quelque chose, menacé par ses talons aiguilles qui cousent ma bouche tandis qu'elle me perfore l'âme d'insultes.

La vache ! Je bande comme un taureau ! La Toreadora Maxima me défonce les couilles à coups de genoux. Ses bas-résilles sont des filets dérivants sur une peau pleine de bleus. Le testicule est une orange comme la Terre.

La machette sectionne mon bras gauche, mon bras droit, mes cuisses, un cran d'arrêt dans le rectum. L'acte pur, la gaule d'enfer, Lucifer à tête de gland qui crache des filaments épais… geyser de jouir dans un bain de sang.

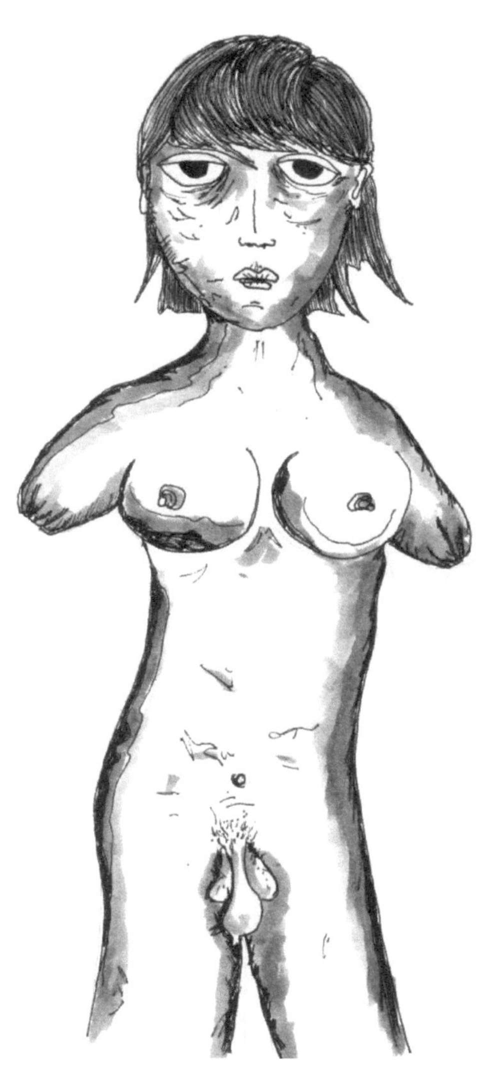

En ces temps funestes que nous vivons, écrasés par la haine, les pandémies, les crises économiques, religieuses et environnementales, il est temps de trouver des solutions pour échapper au terrible effondrement civilisationnel. Le chômage de masse, la précarité grandissante du salariat pauvre obligent à reconsidérer nos politiques publiques et notre vision du monde.

Il faut inventer une belle connerie telle que le Nuage français. Un nuage né, élevé et dissout sur le territoire national. Peu importe, toutes les idées seront bonnes pour sauver nos petites fesses graisseuses. Je n'ai pourtant rien trouvé pour contrer **CETTE FIN DU MONDE QUI N'EN FINIT PLUS**. Ma seule porte de sortie - et j'exècre l'idée de suicide - a été de me jeter dans un monde parallèle, un univers de mutants.

La forme de ses yeux veut dire quelque chose… Être transgressif, c'est être régressif sans souffrir d'être passif/actif. Elle ne me regarde plus avec les mêmes yeux. Ses pupilles sont bien plus dilatées.

« Je mourrai en aigle. »

Allongée nue sur le divan éclaté, **ELLE TERMINE DE POURLÉCHER SES LÈVRES** tandis que je me dirige vers la salle de bain. J'urine tout en me grattant le dos. Elle y est allée fort avec la chaine de vélo. Mes côtes ont bien failli se briser. Dans l'obscurité de la pièce, je sens qu'il y a des fantômes, il y a des monstres, il y a ce salopard de spectre qui rôde.

« Je mourrai en aigle et je chierai sur la tronche des randonneurs. »

Je sens, comme à chaque fois que nous cessons nos ébats, qu'elle va partir en vrille. Déjà extirpée du lit, elle ne cesse d'aller de la porte d'entrée à la fenêtre de la chambre d'hôtel. J'essaie de penser à autre chose en rangeant mon vit sous mon ventre mou. L'orgasme a été trop fort. Je suis vidé, foutu en l'air par un coup de barre massif.

« Je chierai sur les randonneurs, je leur balancerai des cadavres de rongeurs sanguinolents dans la gueule à tous ces sales fachos de merde ! On a le droit de choisir, on est libres ! Moi je suis née comme ça. Une femme oui mais pas seulement. Un aigle aussi. Et un être venu d'ailleurs ! Je sais que je suis venue d'ailleurs ! **ON M'A DÉPOSÉ SUR CETTE TERRE À LA CON PAR ERREUR !** La preuve, je suis une femme dans un corps d'homme ! Ils se sont plantés sur toute la ligne. »

J'allume une cigarette, vautré dans le fauteuil près de la table basse. Je la regarde sans la regarder. J'ai très mal. Elle m'a bien amoché cette fois. Je lui ai pourtant bien indiqué sur c'était trop insupportable. Ça ne l'a pas arrêtée.

« On ne peut pas me forcer à ne pas être ce que je suis ! »

Ses moignons roulent autour de ses épaules frêles. Sa voix rocailleuse fait presque trembler les murs.

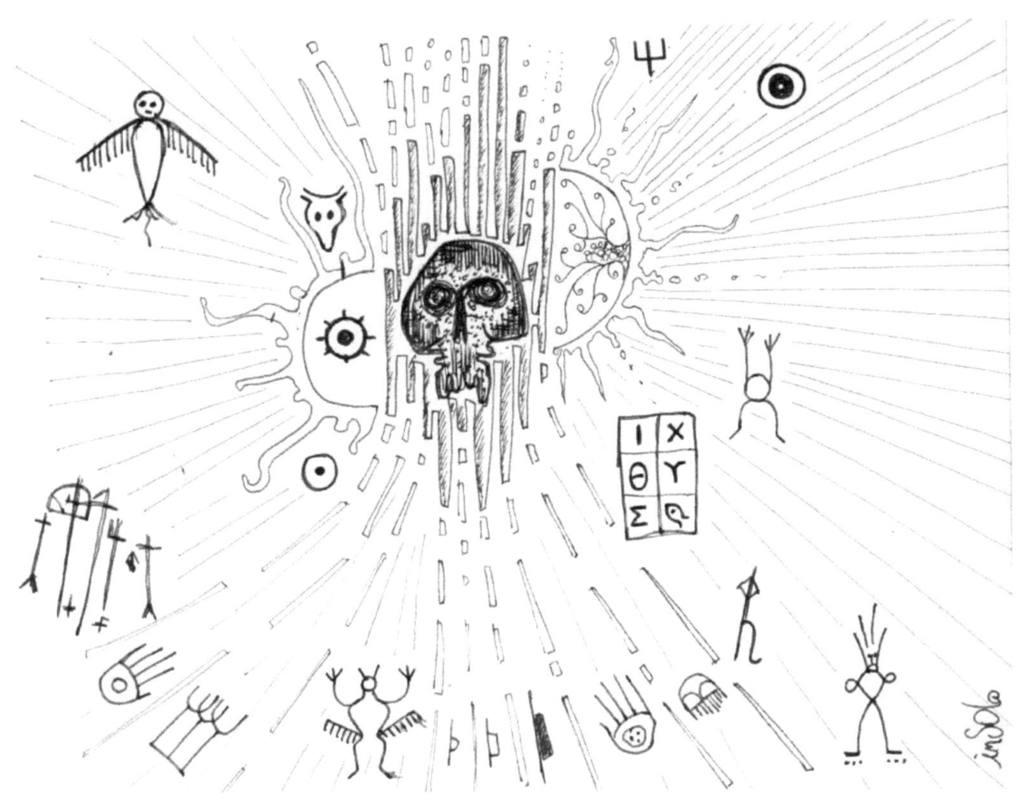

Le corps adoré par toi est un vieux morceau de bois spongieux dans un marais.

Ne me regarde pas comme ça.

La vie viande laissera la place à tes yeux bouffis par la chaleur et les insomnies. Les cils secs sautant à l'heure de la sécheresse.

Je me retrouve à nouveau dans cette chambre de motel où j'ai vécu avec tous mes personnages. Des années qu'elle m'invite, qu'elle m'offre son lit au-dessus de lit côtelé entre marron et *Danette* goût noisette.

Je sais que c'est l'endroit de ma solitude, le creux de mon âme. Je sais que c'est là que, accompagné de ces centaines de spectres fictionnels, je suis moi, pissant dans le lavabo, me faisant sucer par une pute famélique gonflable, m'endormant dans l'eau tiède du bain à la limite du coma éthylique.

Dans le brouhaha d'une climatisation défaillante, les narines bourrées de crottes de nez noircies par la poussière du désert nouveau, je turbine, le corps tripoté par ces putains de fantômes fictionnels.

Je n'y ai pas vu aussi clair depuis le début. Au départ, je voyais trouble, gangréné par les tourbillons dingos du réel. Les téléphones, les smartphones, les internets, les pickpockets de la pensée, les pas sur les trottoirs, les ivresses avec les cons, les baises avec des cons trempés, je le sais, par l'Univers. Ventre mou. Esprit contraint. Torturé.

Certains se disent d'un genre qu'ils disent contraire à leur conscience d'eux-mêmes. **COMPRENDRONT-ILS QUE JE NE SUIS PAS DE CE MONDE**. Depuis vingt ans, je le sais, je suis d'un autre monde que je connais mal parce que j'y suis enfermé dans une chambre de motel.

Incapable de me rappeler l'avant de mon incarcération, je n'en ai un aperçu que par la lucarne bruyante et déchirante d'une télévision fixée au sommet du mur qui fait face au plumard.

C'est là que je vis. C'est là qu'est ma réalité. J'y connais tous les meubles. J'y connais tous les résidents depuis que le motel, et cette chambre particulièrement, existent. Je sais qui s'y est fait violer, voler, qui s'y est ennuyé, qui s'y est senti bien, qui s'y est planqué, qui y a fait la fête, qui s'y a fait assassiner. Je n'ai pas besoin de décrire cette chambre. Je l'ai décrite dans tous mes livres. Je l'ai vécue dans tous les livres que je n'ai pas écrits, pas terminés.

Cette chambre existe. J'y vis. **AUCUN DES LECTEURS NE PEUT Y CROIRE**, parce que les lecteurs n'existent pas. Ils sont une illusion créée pour me pousser à écrire et décrire le seul endroit du monde, la chambre de motel.

Elle est l'univers. Elle est la vérité de ma vie. Je vous envoie ce message depuis ce lit où j'écris des mots qui, finalement, ne seront lus que par moi.

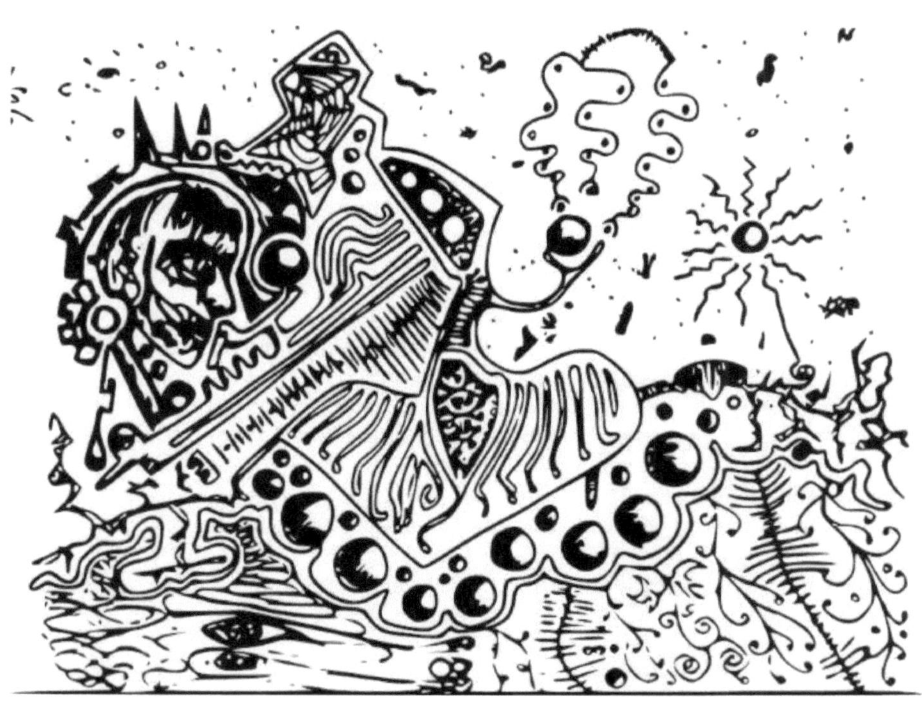

On m'a dit de ne pas me plaindre, on m'a même dit de ne pas pleurer parce que je suis un homme. J'ai suivi les instructions. J'ai obéi. Je me suis conformé. Avant de m'effondrer en larmes, dégringoler dans les escaliers pleins de toiles d'araignées de la cave. M'échouer comme une épave, cœur palpitant, sur le tas de pommes de terre. Comme je l'ai déjà dit, **POUR DÉTRUIRE LE CHAOS IL FAUT CRÉER UN AUTRE CHAOS**, à l'instar d'un pare-feu.

Je sais, ce n'était pas bien de brûler des épines de pins dans cette forêt d'eucalyptus et d'épineux dans les terres intérieures d'un vallon de Corse. Et je sais que c'était mal de tabasser le chat de la voisine dans le buisson piquant de la rue des Genêts. Tout comme je sais que ce n'était pas mieux de picorer des chattes tandis que celle qui m'aimait se confondait en larmes sous la couette de notre lit trop petit.

Je sais aussi que c'était lâche et hypocrite de brailler contre la famine dans le monde tout en me faisant sucer dans les chiottes d'une boîte par une strip-teaseuse à qui j'avais payé quelques rails de cocaïne.

J'ai toujours lutté par les mots contre la souffrance que les Hommes infligeaient à d'autres Hommes, me pavanant des heures dans un lit puant avec des midinettes assoiffées de luxe. Je ne peux que m'incliner devant les soucoupes volantes, les œuvres de bienfaisance et les croyants imprégnés par l'art de supplier leurs dieux.

Dans la douce nuit, ce milieu de nuit où il ne reste plus grand chose à dormir, je savoure les battements de mon cœur qui me font oublier tout ce luxe.

Je sais qu'il ne faut pas se battre et être violent. Et pourtant, qu'ai-je été d'autre qu'un terrible barbare ?

Tu me diras que je ne suis sans doute pas meilleur aujourd'hui. Ça n'est pas faux. J'ai accès à un confort disproportionné en comparaison des conditions de vie des êtres humains qui peuplent la Terre. À défaut d'être meilleur, je suis plus efficace. On pourrait arguer que je suis mégalo mais je l'affirme, **J'ALLUME LE SOLEIL CHAQUE MATIN, JE L'ÉTEINS LE SOIR**. Je perche la Lune et la couvre d'un cercle noir afin qu'elle ressemble à un croissant. J'importe les nuages et la pluie, j'amène les rivières depuis leur source, je sème les terres de compost et de fumier, j'ordonne la paix et je suggère la guerre.

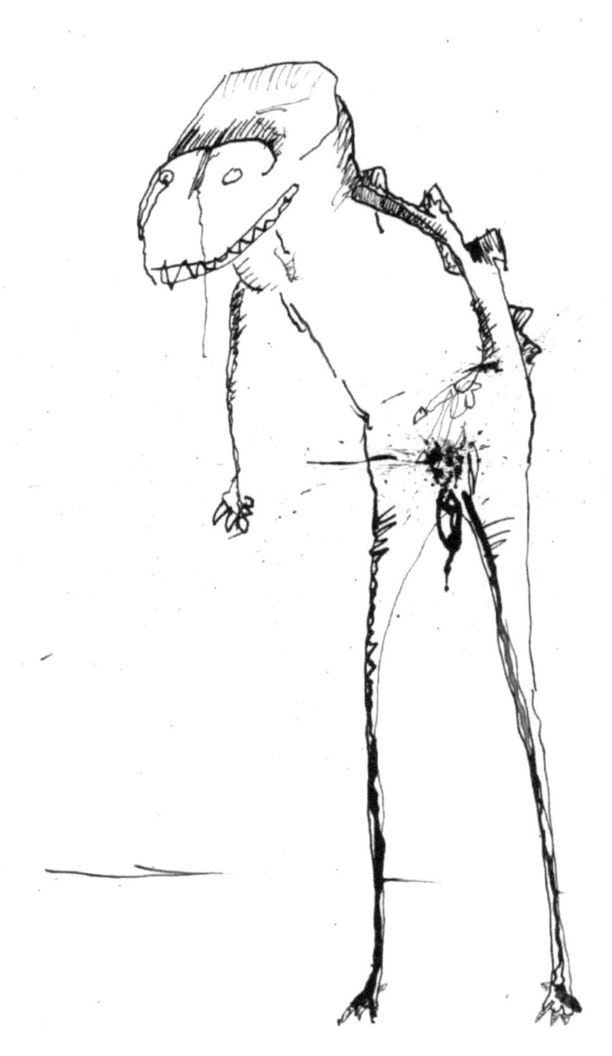

On s'est cognés dans une rue déserte. Je t'ai percutée du regard. Borgne, tu as mangé les chenilles dans mon bide. Le monde est devenu un croissant de Lune. La Lune est devenue une station Or-bite. L'un ne dit pas l'autre. « Tu es formidable » veut dire « J'ai de la chance de briller à tes yeux ». Pas moyen que tu comètes des exos pas nets **DANS LA CHALEUR VIOLACÉE DE MA NÉBULEUSE.**

Nous sommes un duo de connards, un quasar né d'étoiles naines. Ne nions pas le fait que nous ne sommes que des ions lunatiques. La matière noire de nos sexes stellaires bidons. Dans le magnétisme transcendantal foireux de nos éclipses de pénis et de chatte, nous nous laissons dissoudre dans le trou noir mouillé, **LE FION PUANT DE L'ÉTERNEL RECOMMENCEMENT DE L'ÉCHEC.**

L'HOMME EST UN DINOSAURE EXTERMINÉ POUR L'HOMME.

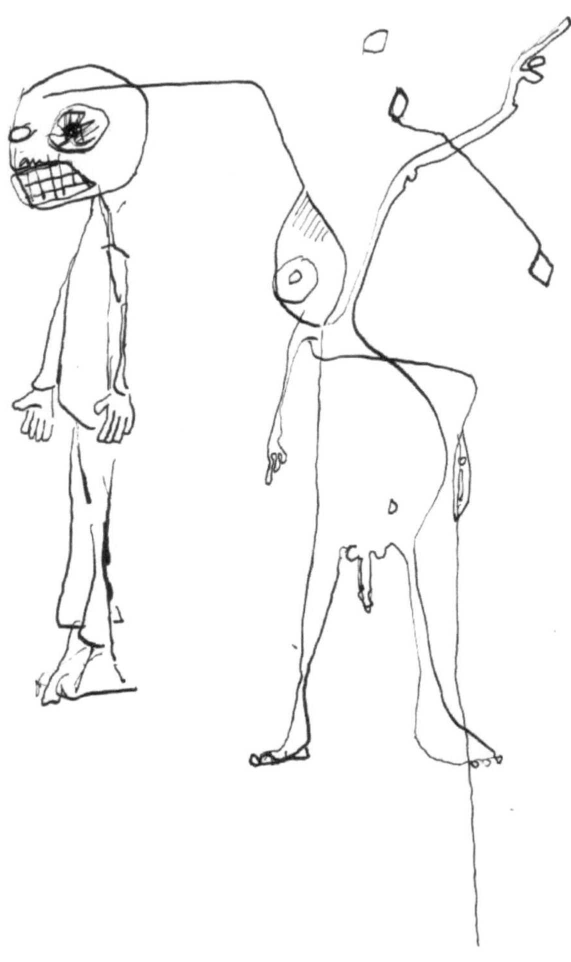

Ils nous reprochent de nous abstenir. Ils nous rappellent sans vergogne que des citoyens se sont battus pour le droit de vote et la démocratie. Mais eux? Se battaient-ils ? Pour certains, ils iraient dans la rue jusqu'à ce que les robocops les ramènent manu militari au bercail. Pour d'autres, à la vitesse d'un pet de vache, ils iraient rejoindre les rangs de ceux qui ordonnent aux robocops. Décidément, les donneurs de leçons, ceux-là même qui ne retiennent pas les leçons de l'Histoire, devraient apprendre à se taire, se poser, réfléchir, analyser…

Nous sommes à l'ère des pousseurs de caddies et des posteurs de stories, en rien à l'ère des Lumières et de ses masses de paysans et de prolétaires déchirés par le labeur et la faim.

Nous sommes de ce présent où l'on se dit : **« TIENS, LUI A DÛ ME VIRER DE SES CONTACTS, IL NE ME LIKE PLUS »** avant de constater qu'il n'en est pas le cas, que « il » est mort à la lecture du message de ses gosses « Notre papa est mort. Qu'il repose en paix. »

Nous sommes de ce présent où montrer sa croupe, son petit chat ou son magret de canard à l'hôtel de la plage sur les réseaux sociaux, est devenu la norme.

Nous sommes de ce présent où chacun se bricole des idées avec des déclarations de la taille d'un Tweet, loin des longues tirades des journaux papier d'un mètre de large. Des images, des photos, des machins qui clignotent, des hashtags en guise de signes de ralliement.

Nous sommes de ce présent où les « entre soi » s'agglomèrent, conspirent et conspuent, où les communautés de tous genres flatulent des certitudes à la face de « tous les autres ».

Nous sommes de ce présent où chacun est perdu dans la masse des informations et des contre-informations, des métadonnées et des méga-conneries. Mous du bulbe, paresseux au possible, pleutres à en effrayer le courage, nous errons dans le néant et le brouhaha d'un effondrement global en cours.

Alors s'il s'agissait de se battre pour la démocratie, voyons, qui de tout ce petit monde de curetons sermonneurs aurait la force de prendre les armes et de mourir pour cette cause ? 1%? 3% Allez 5%. Et de ceux qui s'abstiennent parce que perdus dans un système économique et politique dénué de sens, lesquels prendraient les armes pour défendre leur liberté chérie de ne pas voter ? Sans doute tout autant.

NOUS SOMMES DE CE PRÉSENT OÙ CHACUN S'ENVOIE LE MOT « LIBERTÉ » À LA GUEULE. Mais la seule liberté que ce monde en phase terminale nous offre, c'est de pousser un caddie et de nous exprimer dans les limites de la charte édictée par des pays plus puissants que les pays eux-mêmes, les maîtres des seigneuries et royaumes digitaux qui dirigent le monde jusqu'à son imminente disparition.

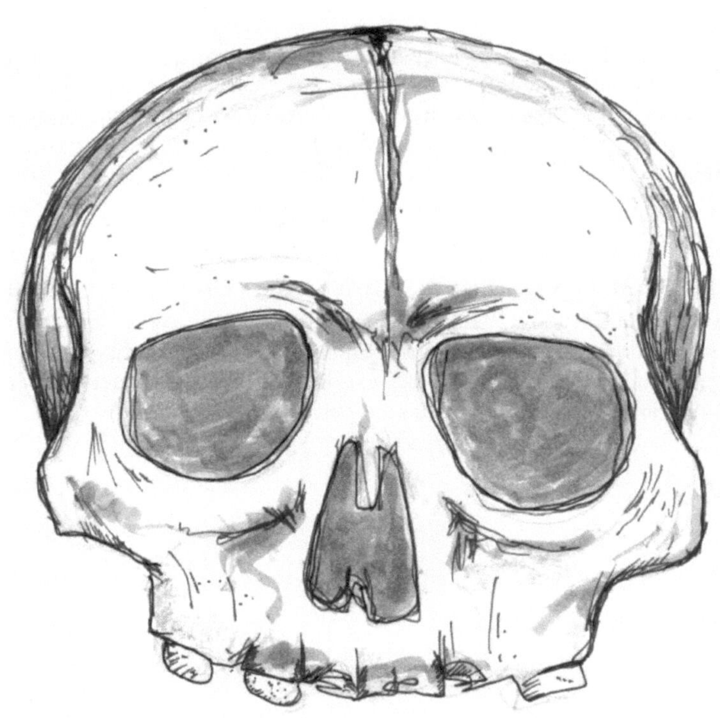

Ils pourront nous injecter tant qu'ils voudront, nous ne cèderons rien de notre mort. Nous ne naîtrons pas une seconde fois, nous ne serons plus jamais des puces frêles, nous sommes seulement entre deux eaux, emportés par le courant puissant du sang de la cuisse de dieu. Doucement, nous ne faisons qu'en prendre la mesure, émiettés par le temps déroulé aux forces féroces. Friables, faiblards, nous ingurgitons littéralement nos vies, **CHAIR À CANON DE NOS PULSIONS, DE NOS NÉVROSES**. Si *Monsieur-Là-haut* nous en laisse le laps nécessaire, nous réaliserons que nous sommes des électrons d'étrons tentaculés par le poids insupportable du monde.

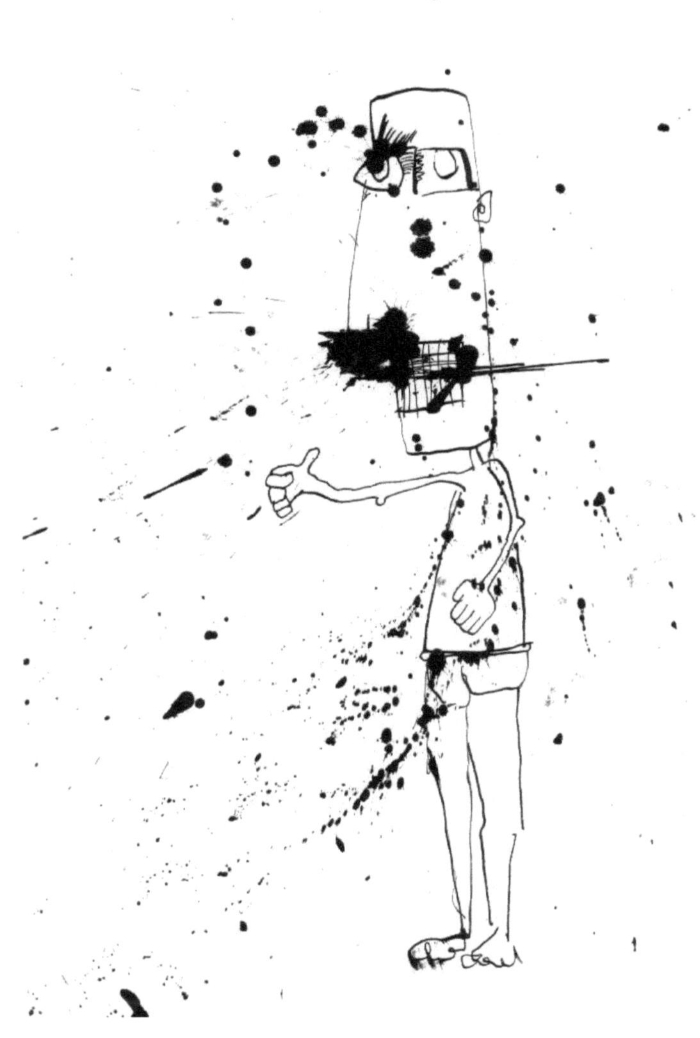

Je regarde la colère...

Celle du type qui accélère sur le passage pour piétons,
Celle de cette femme qui a la voix qui se crispe

« Ce n'est pas contre vous que je dis ça »

La colère du chien qui bave en aboyant,
La colère du militaire qui tire une autre balle sur l'ennemi qu'il a tué.
La colère salutaire, la colère inopportune, la colère noire, la colère blanche.
La colère sale, la colère propre...

Mes doigts sont moites, mes membres tremblent.
Je me suis ouvert le crâne en explosant cette fenêtre.
J'ai vécu la folie dite passagère qui s'est prolongée.
Je suis allé trop loin,

Mes forces ont décuplé et la route fut longue,
LA NOIRCEUR ÉPAISSE QUI M'ENTOURAIT,
LA TOILE VISQUEUSE CONTRE MES YEUX,
LA COLÈRE ÉTAIT FOLIE,
LA COLÈRE ÉTAIT DESTRUCTRICE,
LA COLÈRE S'EST ESTOMPÉE POUR DEVENIR TRISTESSE,

Se muant en remords,
S'éternisant dans un torrent d'orgueil,
Pour étouffer la honte,
Pour nier les ravages,
Pour oublier le saccage.

Les parents sont adoptés par leurs enfants,
Les parents ne décident pas,
Les parents subissent... Je crois.
C'est ce qui a fait tomber la colère.

Le souvenir de leurs dépouilles,
De ces traits crispés en arrière,
La peau cireuse et les cheveux bien coiffés.
La colère m'a pris quand ils sont partis,

Je ne pouvais plus les élever,
Je ne pouvais plus les guider,
Je ne pouvais même plus les faire grandir.

Alors la colère et sa sempiternelle débâcle,
Ses dommages collatéraux,
Ses conséquences sur la pensée,
Sur les organes,
Sur la couleur et la texture de sa propre merde.
La colère que l'on vomit après l'avoir circonscrite.

Ma colère a duré des années, sans relâche,
Dégobillant les nuits, les transformant en irruptions nocturnes brûlantes,
Terrassant mes jours, les chambardant au point d'en faire des batailles incessantes.
Plus rien d'autre n'existait que la haine, le désir d'altérer,
Le besoin de découronner le dernier des manants,
LA SOIF DE DÉVASTER, D'ENSEVELIR, DE FOUDROYER,
La rage au point de faire rompre sous mes doigts les os des passants.

Pour que finalement elle cesse,
S'agenouille et se retire comme elle était venue.

Cette colère n'a que trop vécu,
Elle s'en est allée,
Me laissant mentalement démembré dans cette maison-vie évidée,
Mais calme, serein, enlacé par une quiétude amère préférable à cette putain de
colère.

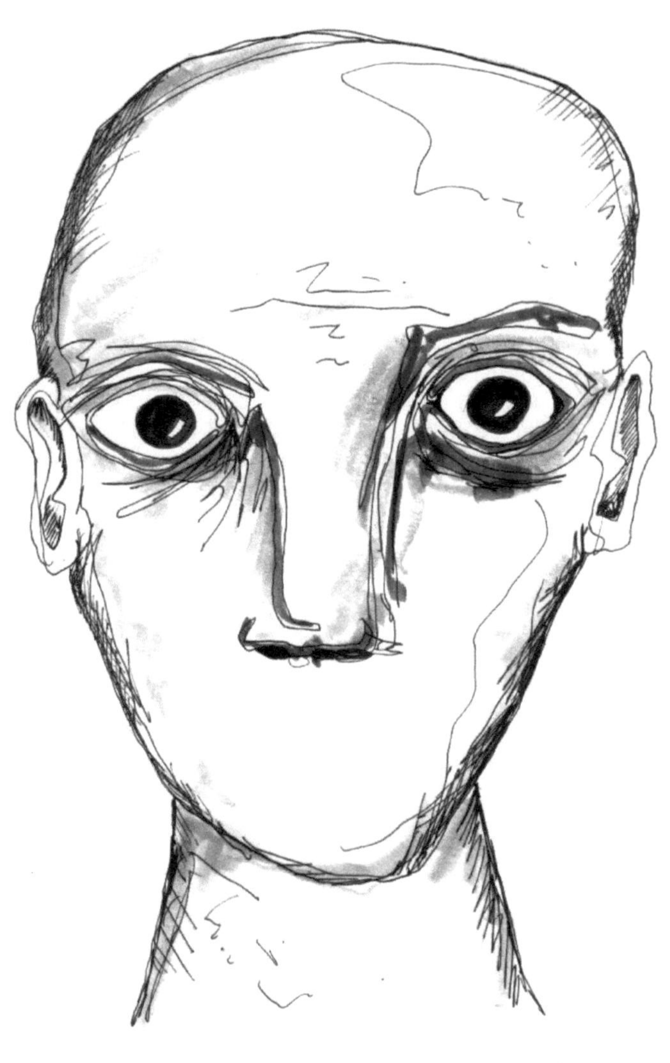

Vous m'avez banni alors même que je suis un combattant antiraciste depuis 40 ans. Vous m'avez banni alors que je suis un authentique écrivain libre et reconnu comme tel. Vous me bannissez alors même que vous n'avez jamais lu aucun de mes textes qui précisément défendent votre charte et qui va même au-delà. Vous m'avez banni alors que j'use d'une liberté d'expression qui respecte la constitution d'une république qui aurait pour fondement la Déclaration universelle des droits de l'Homme. Vous m'avez banni parce que j'ai des émotions, des sentiments, des fêlures d'être humain. Vous m'avez juste banni pour me faire taire, m'interdire de parler et donc d'être libre. Vous m'avez banni parce que la liberté pour vous n'est finalement régie que par une chose : le mirador perché qui vise d'un bannissement la liberté. Je vous laisse juge de votre définition de l'avenir, mais je peux vous dire que vous en faites un cachot. Vous en faites une dictature, vous en faites une moisissure et un dégueuli. Vous ne construisez le monde qui est le vôtre en détruisant le monde entier. Vous êtes le cancer, la putréfaction de la liberté, **VOUS ÊTES UN ÉTAT TOTALITAIRE ET UNE SOCIÉTÉ D'OPPRESSION**, vous êtes la violence, la guerre que vous programmez ainsi que l'enfer, l'ultime enfer sur Terre.

Vous êtes les maîtres des réseaux sociaux.

NOUS SOMMES VOTRE BROUHAHA AUTORISÉ À SE TAIRE.

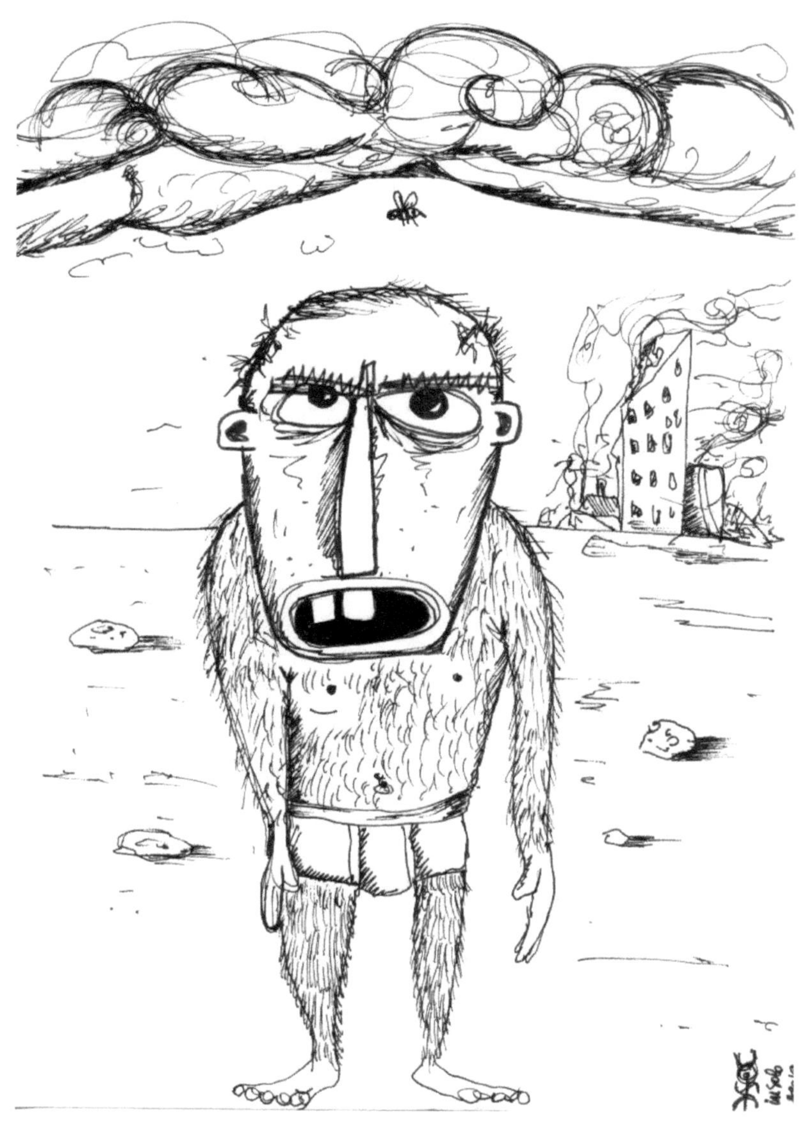

La vie est antérieure à l'ère zombies que nous mort-vivons depuis des décennies.

DANS LE CHIEN DE NOS REGARDS NOURRIS À LA PÂTÉE POUR HOMME, nous accompagnons les croûtes sur nos genoux en nous claquant le crâne contre des miroirs solides comme des murs porteurs. Dans le pompom qu'on essaie d'attraper dans le manège qui tourne en rond pour deux jetons, il y a les viscères des animaux du zoo où on emmène les gosses quand il fait pluie au milieu des vacances d'été.

On frappe à la porte :

« Vous êtes humains ?
-     Oui, tout à fait. C'est pour quoi ? »

Poum ! Poum ! Les balles explosent le crâne du bipède.

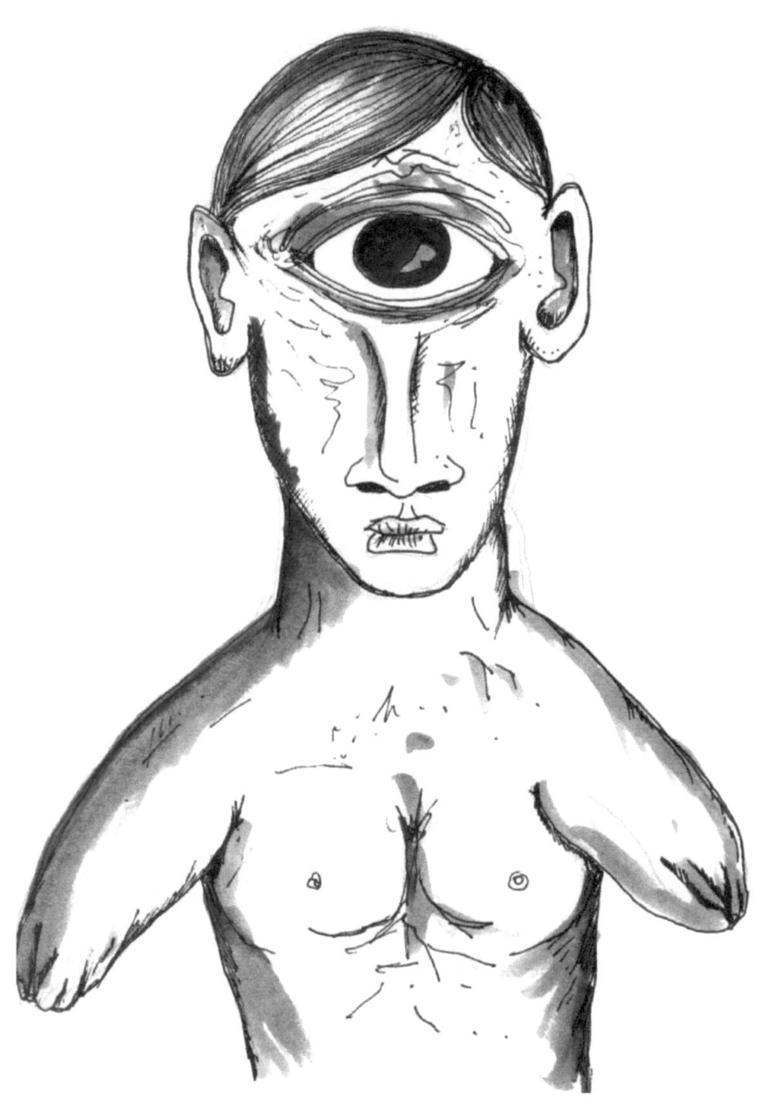

Double, triple, quintuple vie dans le zéphyr violent du vieillissement. Nous n'avons pourtant qu'un œil, qu'une issue, nous n'avons que peu d'importance, beaucoup de suffisance, les doigts serrés sous le nez qui puent le cul.

Sur la calotte glaciaire de nos illusions, nous marchons, à quatre pattes, sur sa surface de plus en plus fragile, érodée par les sécheresses robustes des coups de butoir de nos échecs.

Me suis-je bien fait comprendre ? Peut-être que cette question est inutile.

Johan était un copain de beuveries quand j'avais 16 ans. Nous sortions du lycée pour nous siffler des verres sur la colline du Maroc au-dessus de chez nous. **ASSIS SUR NOTRE TRONC D'ARBRE FÉTICHE, NOUS DÉFAISIONS LE MONDE À NOTRE MESURE.**

Tout le monde l'appelait Cyclope rapport à son œil gauche quasiment inexistant à la paupière invalide qui lui black-outait la minuscule pupille. Mais Johan était plus clairvoyant que voyant. Son regard sur le monde était lucide et terrifiant. Et même s'il buvait une bouteille de whisky à lui tout seul, il gardait le cap.

Orphelin de mère et battu par son père, un de ces prolétaires ivrognes qui chantait l'Internationale tout en cachant des liasses de billets sous son matelas, il ne se plaignait jamais. « Le monde est une montgolfière suspendue dans l'espace sidéral et cosmique ». Je l'écoutais des heures. J'étais fasciné par ses paroles. « Les gens qui défendent les pauvres ne savent pas que s'ils étaient aussi riches qu'eux, ils seraient aussi cons, égoïstes et méchants. »

Je suçais la bite de Johan. À genoux, lui assis sur le tronc, j'aspirais son gland comme un Mister Freeze. Non par désir ni par envie sexuelle, mais parce que j'aimais sa pensée, j'aimais sa radicalité, j'aimais son courage et cette façon détachée et amusée d'encaisser les quolibets de tous les gosses de notre lycée.

J'avalais son sperme comme je me nourrissais de ses paroles.

Cette idylle amicale dura une année. À l'aube de ses 17 ans, Johan s'est donné la mort en se tranchant la carotide. Acte extrême et héroïque.

Il laissa un mot dans ma boîte aux lettres le jour de son suicide : « Je n'ai qu'un œil mais je vois tout comme les mouches. Je ne quitte pas ce monde, j'en rejoins un autre. **NOS ATOMES SE RETROUVERONT EN D'AUTRES LIEUX**. Je compte sur toi pour m'y rejoindre.»

C'est bien plus tard que j'ai compris que Johan n'était pas mort. Au fur et à mesure que la vie a avancé, que ma vue a baissé, que j'ai compris les Hommes et leurs boucles, que tout ça m'est apparu absurde, j'ai su que Johan, et tous ses atomes étaient entrés en moi.

Je suis moi et je suis Johan. Je suis le cyclope que tout le monde moque, mais tout le monde, tout le monde, qu'est-ce que c'est tout le monde ?

II
POLYCHROME

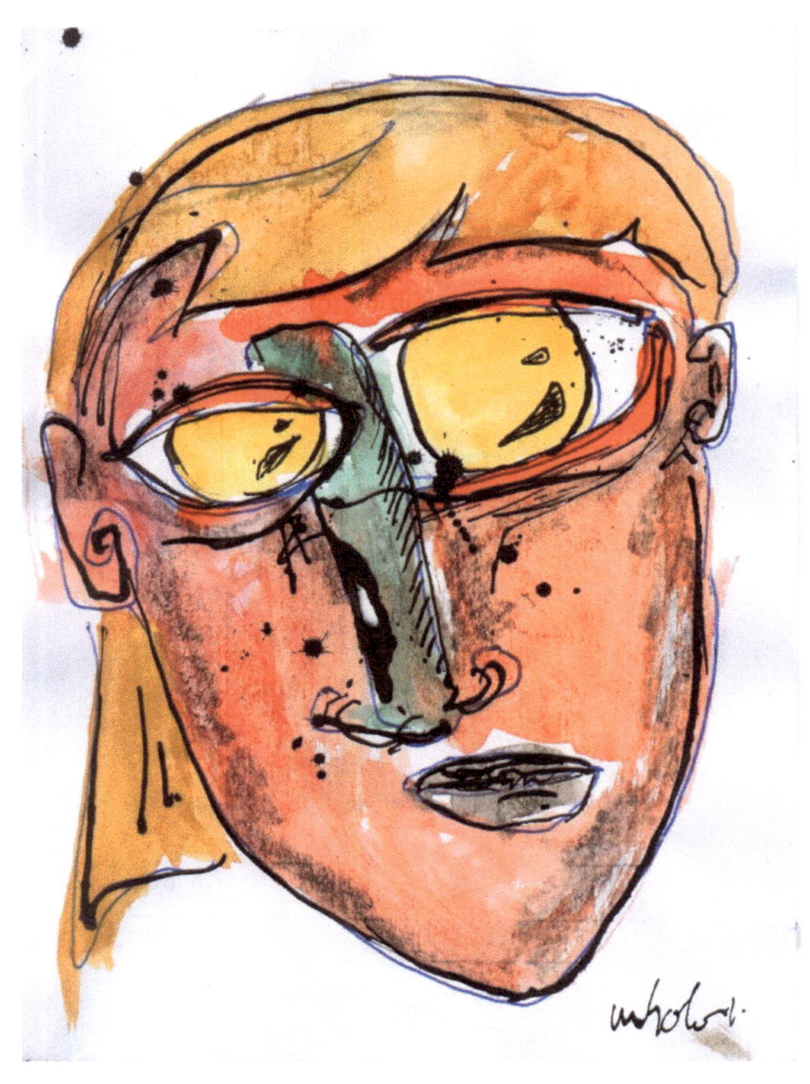

Être libre, c'est se détruire…

L'homme qui tangue sur les trottoirs sous la chaleur caniculaire donne à voir, aux quelques passants, son apparence négligée, sa bouille battue par les dopes et les organes internes mis à rude épreuve. **LE BONBON SUCRÉ DE LA SOUFFRANCE HUMAINE**. Tout le monde ne se fait pas fumer dans les angles interlopes d'une mégapole.

Chacun est à ses petits miroirs, ses petites mèches qui dépassent et ses photos de plage, de balade en forêt, de bourre-bide en famille, à ses petites factures et ses stress post-traumatiques aux heures de pointe. Dans un monde individualiste et sur-gavé, l'égoïsme n'existe plus. Les pattes écartées, les orifices prêts pour **LE DÉCOLLAGE D'UN MISSILE SOL-FION**, chacun sait que chacun n'existe plus.

Et chacun détourne son regard de celui qui accepte les beignes, qui mange sa merde et supporte l'assommoir délirant des étrons citoyens.

Lui, c'est Jean's, comme le pantalon. Ses parents étaient d'innommables dépravés. Ses yeux se confondent avec la lame d'un poignard, ses mots rares sont autant de tirs à balles réelles. Malgré son apparence répugnante, Jean's est fils de millionnaires. Son plus grand pouvoir n'est pas d'avoir tué ses parents ou d'avoir été rebelle de pacotilles. Son pouvoir à lui, c'est d'être junky, dépendant à en crever au crack, au point d'en oublier tout, au point d'avoir remplacé le luxe par la plus belle richesse que l'on puisse offrir à ceux dont la vie n'est que de la merde : la dope.

Chacun aura à cœur de lui sauver l'existence, lui offrir des séjours en désintox. Il n'en a cure. Lui, ce qu'il veut, c'est sa dose, errer dans la rue pour cette grande quête ultime, ce grand voyage dans les cascades féroces, dans les cratères en ébullition, sur les cimes frappées par la foudre. Il veut à jamais ne plus jamais être, il veut le temps d'une montée extraordinaire découvrir la Terre vue du sommet de la stratosphère puis se dissoudre pour toujours.

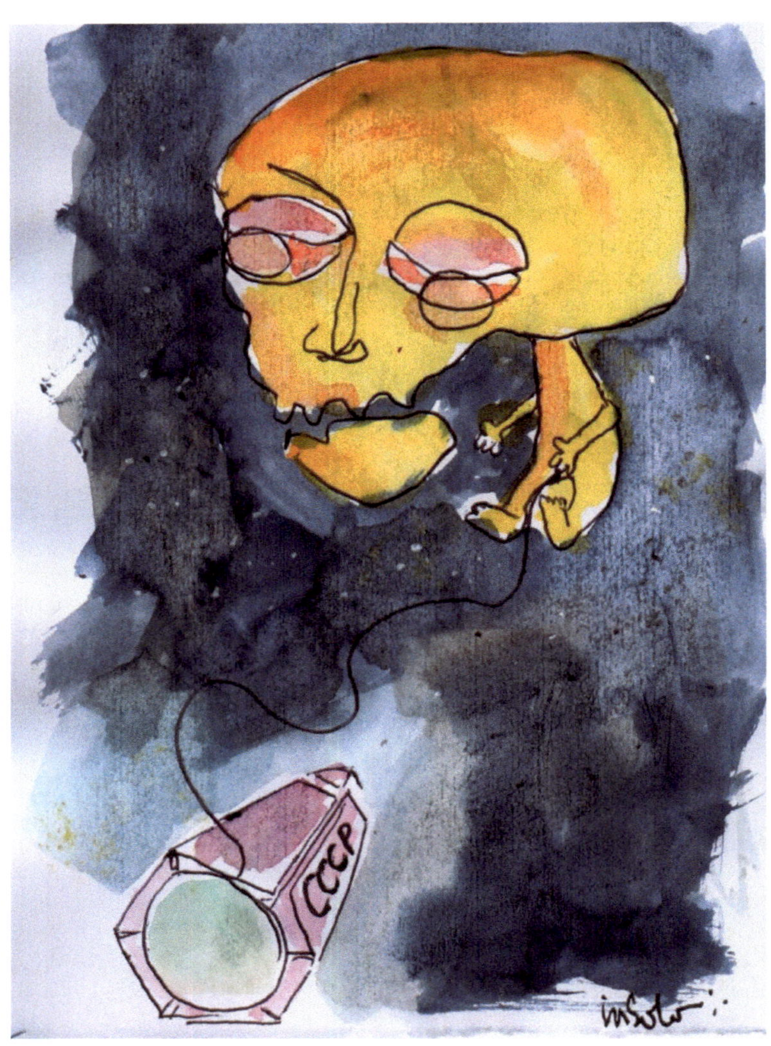
CCCP

Remarquez comme ceux qui revendiquent le plus fort leur liberté ont les vies les plus aliénées qui soient. Fans de Johnny, aficionados des free parties, militants *antivax*, citoyens *provax*, travailleurs protégés, bourgeois libertaires, salariés de tous poils, étudiants pourtant biens intégrés, retraités proprios,... La liberté n'existe pas et n'existera jamais. La liberté est ce qui a remplacé la nation, cette même nation a remplacé les dieux. De mythe en mythe, d'évolution en évolution, ceux qui tiennent la barre ont livré les légendes qu'il faut à ceux d'une population qu'on ne peut pas juste contrôler avec du pain et des jeux. À ceux-là, il faut offrir une autre friandise. Désormais, c'est la liberté.

Prenez aujourd'hui ceux qui ne veulent pas d'un vaccin parce qu'il serait un moyen de contrôle des populations ou encore un moyen d'empoisonner les plus dangereux, ou bien un produit inutile pour lutter contre un virus mais qui servirait surtout à gaver de pognon les méchants 1%.

Et bien allez dans leurs vies à ces grands militants de la liberté. Ils ne sont ni plus ni moins que des hyper intégrés, friqués ou fauchés, mais tous bien dedans la matrice, à payer leurs putains de factures, à mettre leurs gosses dans des écoles (ou précisément on formate l'esprit), à consommer de la merde, à vivre à en crever de l'énergie nucléaire, à mettre leurs photos pourries de **LEURS ÉTATS D'ÂME POURRIS** sur les réseaux sociaux (qui eux leur sucent la moelle et détruisent pièce par pièce les onces maigrichonnes de liberté qu'ils pensent posséder), à rouler sur des routes tracées pour eux, à se faire défoncer par les crédits pour acheter une pathétique baraque, à sucer leurs propres parties intimes avec de la littérature de têtes de gondole, du cinéma ultra propagandiste, de l'info pour débiles mentaux, des compétitions sportives qui n'ont d'autre but que de valoriser la loi du plus connard et du plus riche sur le plus sincère et le plus humble.

L'amour, le sexe, les drogues, la consommation sont des aliénations auxquelles ils cèdent si facilement. C'est d'aliénations dont ils se nourrissent mais ils appellent ça liberté. Ils pensent qu'ils ont choisi d'aimer, de baiser, de se shooter, de se gaver et pourtant il ne s'agit que de nécessités primaires que leur propre ADN leur ordonne de prendre. Alors la liberté... Hein...

Les combattants de la liberté en Occident ne sont rien d'autre que des bouffeurs de couilles de puissants. Au mieux, ils sont les idiots utiles de ceux qu'ils pensent combattre, au pire, ils sont les collabos insouciants des puissants qui s'en servent comme épouvantails.

La liberté, c'est le projet des dictateurs et de leurs sbires. La détestation de la liberté est la conscience pure du fait que l'Humanité n'est qu'une grosse dindon dont les lèvres piaffeuses ne servent qu'à pomper les mamelles de leur propre annihilation.

LA SEULE LIBERTÉ QUI VAILLE, C'EST LA MORT.

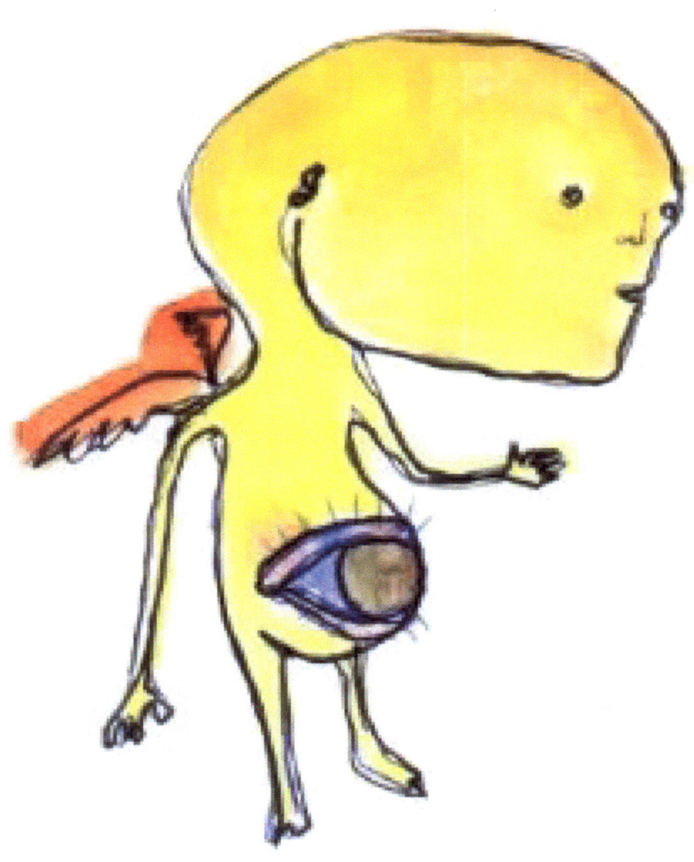

Quand j'étais marmot, on n'avait pas le droit de dire « cul » mais on pouvait dire
« cul-de-sac »... Les interdits étaient une extension bouleversante d'une société
serrée *que les moins de 30 ans ne peuvent pas omettre...*

« Je ne capte pas » ne signifiait pas que le smartphone ne raccrochait pas à la borne
5G. Cela voulait dire que l'on ne comprenait pas. 5G était la quantité de shit qu'on
s'achetait plutôt qu'un réseau par lequel on infiltrerait des cerveaux débiles pour qu'ils
le soient plus encore.

Un complotiste n'existait pas. Un complot existait. Complot d'Etat, complot militaire,
complot révolutionnaire, complot terroriste ou complot familial. Ils existaient les
complots, hissés dans les pages des grands journaux lorsqu'on les découvrait.

Regarder sa voix dans un miroir, ça n'existait pas, pas plus que ça n'existe aujourd'hui.
Admirer, se regarder la tronche et la croupe dans un miroir, ça existait déjà, mais les
exhiber à la face de n'importe quel quidam, ça n'existait que dans les magazines de
beauté pour ménagères frustrées ou dans les revues cochonnes pour les messieurs
excités.

Dire que la Terre est plate, que les Illuminatis dirigent le monde, que les traînées
vaporeuses des avions servent à contrôler les esprits et autres théories du genre, ça
n'existait pas, même pas en rêve, même pas en cauchemar, peut-être un peu dans les
livres de science-fiction. Mais ça n'existait pas. Quand L'URSS est tombée (c'était un
énorme empire du Mal d'après les américains, pour les plus jeunes inattentifs ou pour
les amnésiques), quand internet a émergé, quand la Chine s'est réveillée, quand
l'Occident s'est cru mondialisée, des myriades de petits bonzhommes tout roses, noirs,
jaunes ont atterri sur la planète Terre, dispersant par centaines de théories de ce type.

Car, je l'avoue, ceux qui obéissent, colportent, véhiculent tout cela me semblent bien informés. Ils savent des choses que les autres ne savent pas. Ils ont lu sur le site du professeur Jeguéritou une étude qui tenterait à prouver que ceux qui ont des yeux bleus seraient en fait des guerriers au service de l'organisation mondiale de ceux qui veulent assassiner Bébère, poète du net et pourfendeur des médias mainstream. Ils ont vu les vidéos de Jeannérienafoutre (qui a obtenu son DEUG d'économie en 1992 avant d'être rédacteur en chef de "On nous cache tout, on nous dit rien") sur YouTube où à grands renforts de montages aussi pros qu'un dessin de gamin de 5 ans, prouverait que les écologistes seraient les membres de la secte de ceux qui veulent pas laisser Kévin s'acheter une Ferrari si un jour il est champion de football. Ils ont la preuve via le site LaVéritéVraie que les journalistes seraient des clones fabriqués par le 3ème Reich et qui, après opérations chirurgicales, distilleraient sur la population des ondes invisibles qui la rendraient dociles.

Comme certains, j'ai lu leurs statuts sur Twister, Facebouc ou Toktok ainsi qu'Instakilo. J'ai lu leurs partages d'infos, leurs « preuves », leurs commentaires. J'ai parlé avec certains aussi. Et je n'ai eu de cesse de leur dire qu'ils détenaient des informations si capitales que je me demandais si eux-mêmes n'étaient pas les membres d'une organisation mondiale de ceux qui savent des trucs vachement importants. Alors bien sûr, la rumeur ça existait, **CETTE TRAÎNÉE DE POUDRE DE FAINÉANTS DU BULBE**, mais aujourd'hui, elle n'existe plus. Des millions de JeSaisTout, grands maîtres en économie, en politique, en espionnage, en science, en médecine, se sont retrouvés grâce aux réseaux planétaires et ont décidé, chacun dans une chapelle affinitaire, de nous ouvrir les yeux sur ce que l'on fait de nous, les humains ignorants, les imbéciles, les moutons à la solde consciente ou inconsciente des dresseurs d'humains.

Je fais partie de ces Hommes dénués de connaissance bien sûr, dupé par mes études, mes lectures, mes échanges avec des spécialistes dans diverses disciplines. Moi l'ignorant, curieux de ces connaisseurs des secrets du monde, je n'hésite jamais à leur demander deux choses :

La première : « Comment se fait-il que toi, Michel, employé de mairie, tu aies accès à des archives classées ? Que toi, Jacqueline, avocate au barreau de Sedan, tu connaisses si bien l'ensemble des protagonistes de l'organisation Mondiale des Lessives Hypnotiques ? Que toi Mehdi, patron d'un kebab au Blanc-Mesnil, tu aies toutes les preuves d'une civilisation souterraine qui a créé la théorie fausse du dérèglement climatique ? »

La deuxième : « Mais pourquoi s'emmerder à monter des trucs aussi chelous alors qu'il suffit d'utiliser toutes les armes psychologiques dont on dispose depuis très longtemps pour manipuler les masses ? »

Les réponses sont souvent mystérieuses, énigmatiques, confuses. Alors je me dis que soit je suis face à des crétins finis, et j'en doute fortement, soit ces gens ont été envoyés sur Terre à la chute de L'URSS pour prévenir l'Humanité du grand danger de tous les secrets des méchants…

Ceux que l'on appelle les complotistes, mais je préfère le terme de conspirationnistes, sont donc les membres d'une organisation extraterrestre chargée de sauver les gens contre les mensonges dont on les abreuve parce qu'ils y a des méchants !

LES MÉCHANTS, ÇA EXISTAIT, ET ÇA EXISTE TOUJOURS. LA PARESSE, LA BÊTISE ET LA MÉDIOCRITÉ, ÇA EXISTAIT ET ÇA EXISTE TOUJOURS.

La manipulation de masse, ça existait et ça existera encore. Heureusement pour nous, tout autour de nous, comme dirait *le conspirationnisme pour les Nuls*, il y a ceux qui sachent

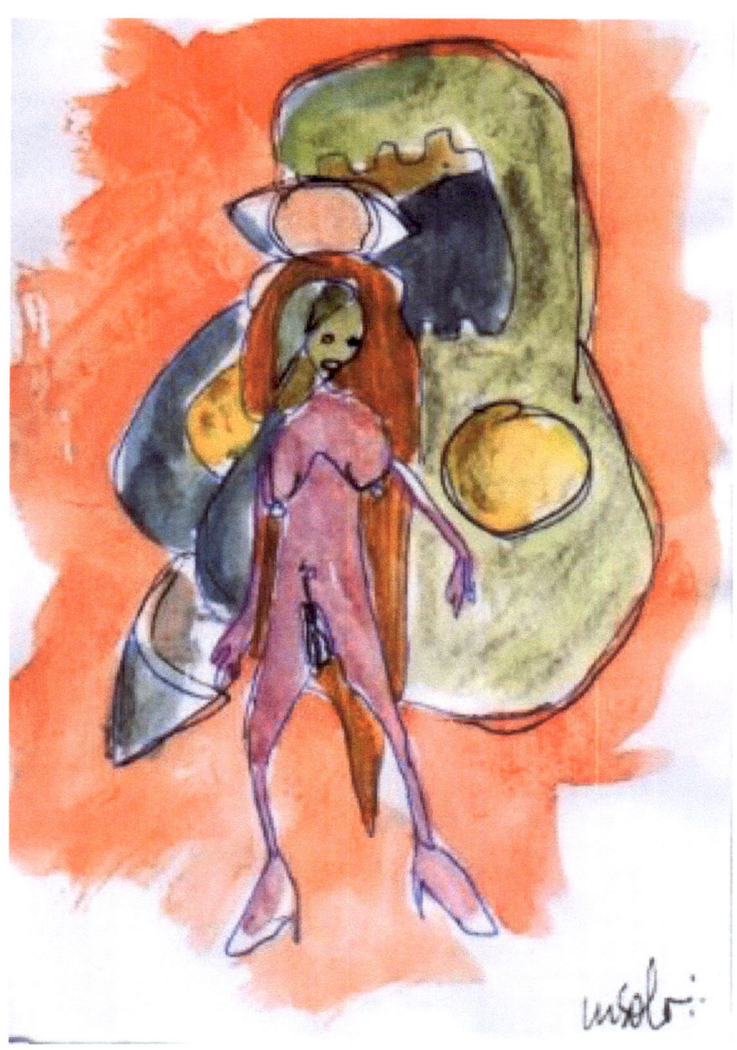

Un mot a disparu de la circulation : frigide. Ça faisait penser à frigidaire. Les frigidaires, c'était un luxe quand j'étais petit. Il y en avait des désignés à l'américaine. On disait que c'était des frigos américains. Ça faisait rêver. Ça faisait des factures d'électricité de fou, mais on avait le truc américain pour conserver les yaourts, la viande, les légumes, les fromages et une cuisse de frigide. Parce qu'à l'époque, on ne se souciait pas tellement du plaisir des femmes. C'était pas très américain, ce n'était pas tellement cowboy ou indien, c'était tout juste Coca-Cola, et quelques fois c'était boîte de nuit.

Alors frigide a disparu car **LES FEMMES JOUISSENT TOUTES COMME LES HOMMES** sont capables de ne plus jamais avoir d'orgasmes.

C'est ce qu'ils disent… mais sitôt entrés dans le plumard des couples, cette préhistoire est de retour. Les corps se précipitent pour finir leur affaire, faire leur devoir. L'homme éjacule précoce et la femme frigide… l'ennui est réel. Les frigidaires américains ont été remplacés par les films pornos ou le culte des aventures d'un soir ou deux. Le sexe n'a jamais été aussi nul que depuis qu'il est libre, dans le bac à légumes du frigidaire.

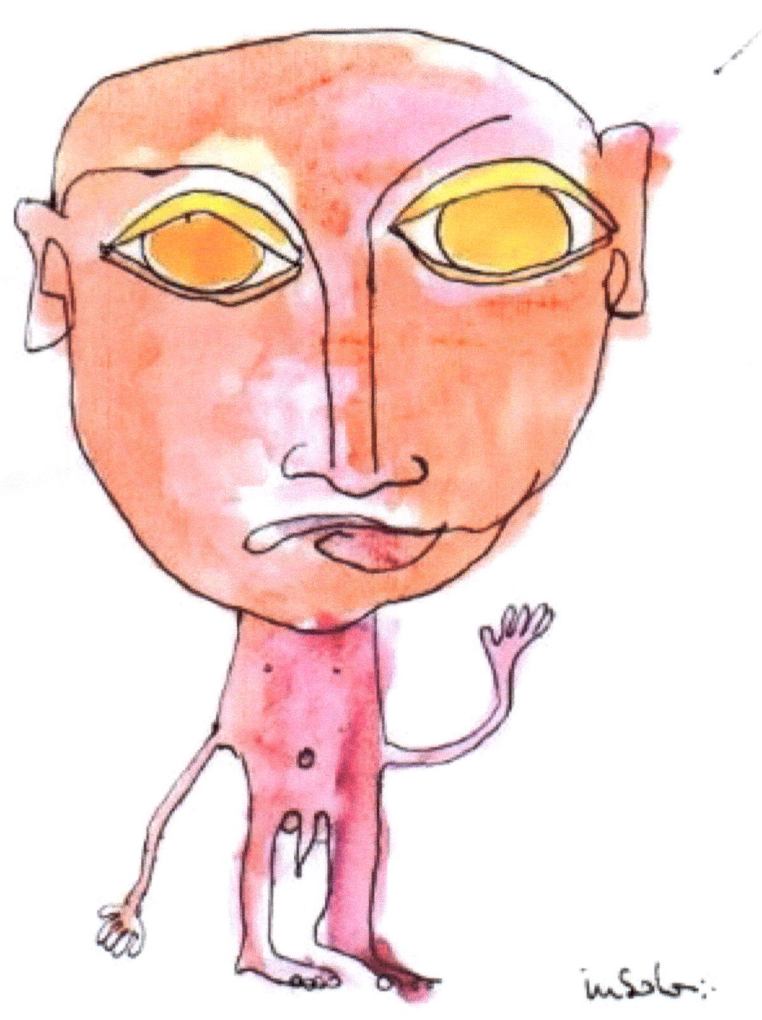

J'ai pourtant des cheveux sur les côtés, des ongles rongés au bout des doigts, un regard de morue, des muscles que le gras cache par pudeur. J'ai aussi des goûts de chiotte, une sexualité de pervers. J'aime payer pour baiser, je déteste payer pour avoir des services publics. Tu ne vois que ma bite, et mes petites couilles juste derrière en embuscade. De moi, il ne reste que ça. Tu ne vois aussi que ma peau blanche, **LES MARQUES DU TEMPS TÊTU SUR MES TEMPES**, tu tues ma tombe en t'entêtant à ne voir que ma bite.

Oui je sais, aujourd'hui il ne faut plus dire ce mot et tant d'autres sur les machins digitaux qui ont remplacé la peau, les regards et les postillons.

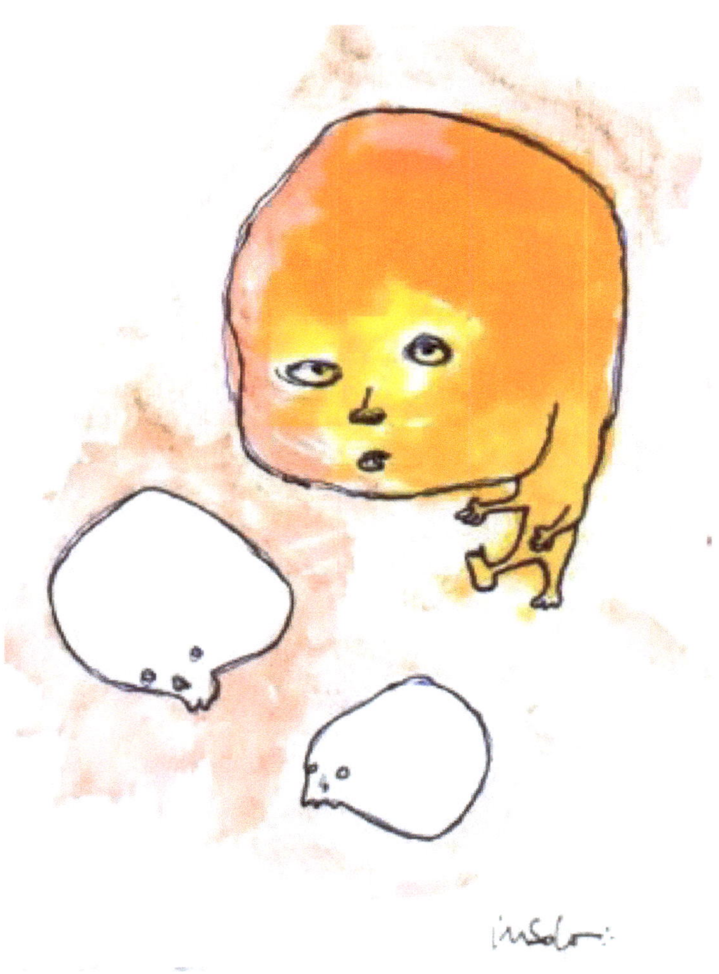

Tout ce bordel de fantômes. Appelez ça spectres si ça vous chante ou vous hante. Mais si l'on accepte de ne pas se mentir, même si on n'y croit pas, on n'y croit beaucoup. La poubelle de la raison. Le fantôme existe et a toujours existé. Qui ne s'est pas dit après la mort d'un proche qu'il se baladait dans la pièce, qu'il voyait, qu'il entendait et peut-être même qu'il commentait ? Qui ne s'est pas senti observé quand il se branlait, quand il vomissait discrètement dans un coin du jardin avant de revenir dans la soirée en faisant mine d'être frais ? Qui ne sait pas dit qu'on l'écoutait, que mamie Juliette, Oncle Paul ou l'enfant mort-né Mehdi était en embuscade d'entre les morts, d'entre les vivants ?

La Lune fait bien monter et descendre les océans, la vie est bien présente sur Encelade, l'un des satellites de Saturne, l'Homme n'a sans doute jamais été la première espèce intelligente de la Terre et des humains sont bien revenus de la mort.

Alors les fantômes, les fantômes existent, ils errent entre les dimensions ou ils sont pures inventions de l'esprit, mais les fantômes sont là, encrés dans la mémoire, mobilisés dans le ventre, les membres et l'esprit.

Les spectres ont toujours existé, serait-ce parce que c'est un délire collectif des humains ou parce qu'ils existent effectivement ? Et puis les planètes à double étoiles existent, les galaxies d'alcool existent, les virus qui revivent après 10000 ans de mort existent, les parcs d'attractions et le Père Noël existent, l'illusion de la liberté et de l'égalité existent, les meubles qui bougent, les monstres sous le lit et les bienfaiteurs existent... **POURQUOI LES FANTÔMES N'EXISTERAIENT-ILS PAS ?**

Il n'y a pas à y croire ou pas. Ils existent puisque certains les ont rencontrés au même titre que d'autres ont rencontré le bonheur. Parce que le bonheur, c'est aussi un fantôme, tout comme l'intégrité et le sentiment d'être immortel. Les fantômes existent comme d'autres se pendent pour un spectre émotionnel qu'on appelle l'amour. Car l'amour existe, et qu'est-ce que l'amour sinon un sentiment. Un sentiment a-t-il des pattes, des yeux, des mains ou encore un tronc ? Non l'amour n'a rien de tout ça, l'amour est une invention ou une réalité absolue.

L'amour existe, les fantômes aussi.

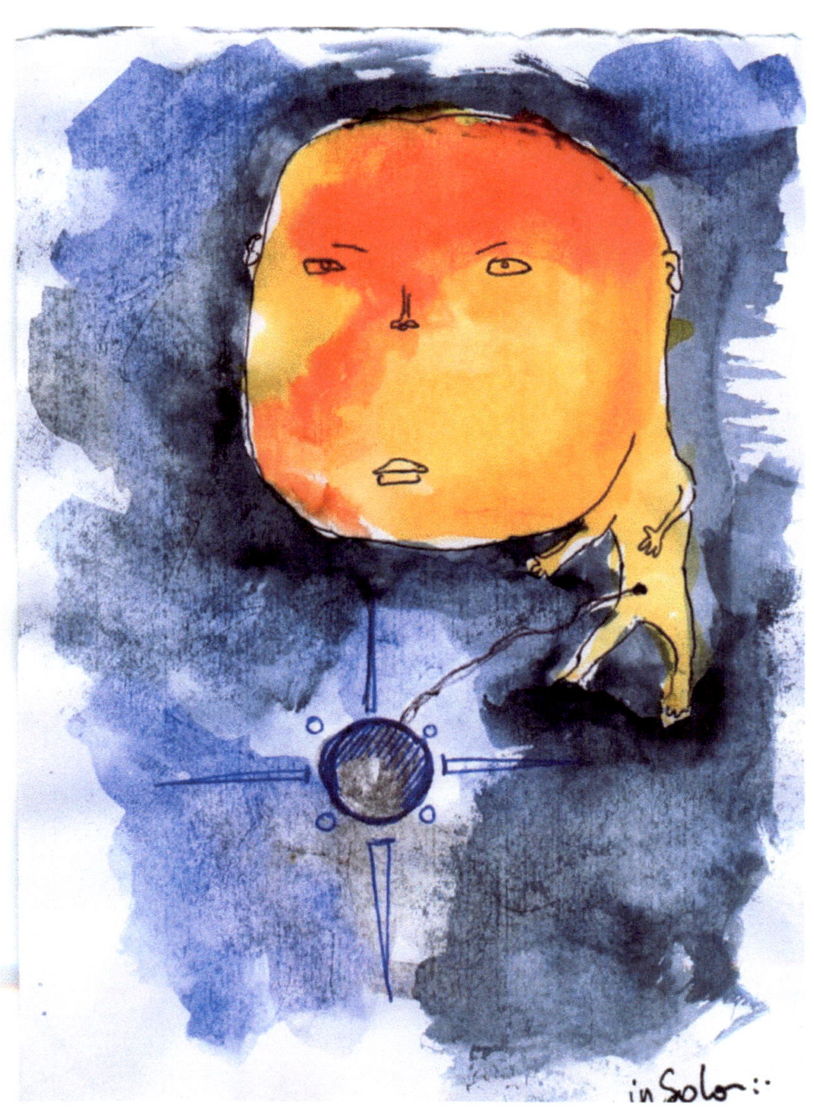

Au nord, c'était la mère et ses yeux blancs terrifiants de gentillesse. Au-dessus du berceau de l'Humanité, il n'y avait donc qu'un être au corps incontrôlé, un cerveau à peine capable de faire fonctionner un système immunitaire et nerveux, des organes internes et un esprit à l'état d'huître laiteuse.

Au sud, c'était le père, sa belle gueule, ses dents du bonheur et ses pensées de malheur, tous crocs dehors, les poings missiles qui déchaussaient les chicots des copains poivrots dans un air chargé par les fumées toxiques des usines de fonte.

À l'est, c'était la grand-mère, des gros bras à la peau fripée mais douce, les odeurs de steaks cuits au beurre et à l'ail, les soupçons de tyrannie, les idées plus dures que du titane, une toiture à refaire, une teinture chimique sous des bigoudis roses, un frigo américain et des poireaux dans le jardin.

À l'ouest, c'était le grand-père, la corde au cou, la langue pendante, le camp de STO, le gros pif, la gentillesse, **LE MYSTÈRE D'UNE PENDAISON AU CRÉPUSCULE DE LA VIE**.

L'Humanité, c'est moi et mes quatre points cardinaux, un drap ajouré de souvenirs qui floute le présent, de plus en plus, au fur et à mesure des années qui vivent et me dépérissent. Les quatre doigts du nombrilisme, les points cardinaux, capitaux sur l'échafaud de la vie. La victime, c'est moi. Au centre. Le bourreau c'est l'Humanité tout autour...

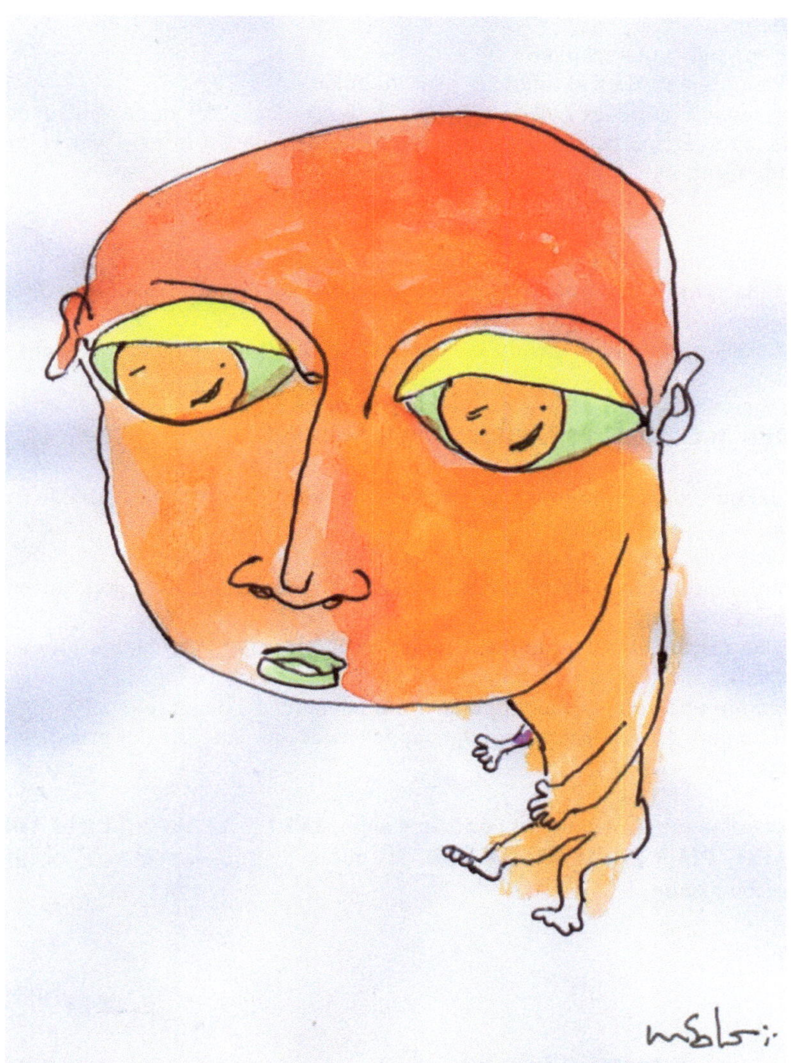

Je ne participe plus aux manifestations,
Mais ne m'en voulez pas,
Je ne peux plus vous respirer.
Vous pouvez m'appeler le traître, le mou du bulbe,
Pris en tenaille entre les collabos dociles de la matrice et les opposants aveugles et débiles au système, je me jette du véhicule qui roule en trombe sur la route de l'effondrement.

Je sais bien que je n'ai pas à vous prouver que je vais bientôt mourir.
Dans la lacrymale de votre air lacrymo, je sens et je sais que vous ne respirerez pas mieux que moi.
Soyez conscients que le pendu ne tire pas la langue pour faire rire ceux qui le regardent,
Et le temps n'avance pas pour inventer des flash-back.
JE VOUS ACCUSE AUTANT QUE VOUS M'ACCUSEZ.

Un jour, j'ai croisé un aéroport qui cherchait la porte 2 dans le hall du bide d'un être humain.
Une autre fois, j'ai vu un péage saturé dans l'anus d'un homme.
Plus tard, j'ai regardé des gens conduits en état d'ivresse par des voitures qui rentraient de soirées arrosées.
J'ai vu un milliardaire faire la manche, un zoo où l'on pouvait regarder des animaux domestiques vivre à l'état sauvage.
J'ai entendu une guitare chanter perchée sur la branche d'un arbre.
J'ai vu un petit garçon manger un ogre et des médecins inoculer des maladies à leurs patients.

Tout ça existe tout comme leurs contraires alors, **TEL UN ANACONDA QUI VOULAIT SE FAIRE PLUS PETIT QU'UN VER**, j'ai choisi de vous laisser vous occuper des affaires du monde...

RETROUVEZ TOUTES LES INFORMATIONS SUR INSOLO VERITAS ET LÉONEL HOUSSAM SUR LEURS SITES RESPECTIFS :

HTTP://INSOLO.FR

HTTPS://LEONEL-HOUSSAM.BLOGSPOT.COM